T0105544

AGENDA *BIBLICA*

CON UNA GUIA DE LECTURAS DIARIAS

Benjamín Franklin Arias, Ph.D.

www.trafford.com
Para Norteamérica y el mundo entero
llamadas sin cargo: 844-688-6899 (USA & Canadá)
fax: 812 355 4082

ESTA AGENDA PERTENECE A:

NOMBRE_____

DIRECCION_____

_____

TELEFONO DE LA CASA_____

TELEFONO DEL TRABAJO_____

CELULAR_____

E-MAIL_____

EN CASO DE EMERGENCIA LLAMAR A:

NOMBRE_____

TELEFONO_____

NOMBRE_____

TELEFONO_____

NOMBRE_____

TELEFONO_____

AGRADECIMIENTO

Agradezco a Dios por permitirme compartir con mis semejantes el deseo de que se lea y se estudie la Biblia en su totalidad, capitulo por capitulo, todos los días, mediante esta humilde publicación.

DEDICATORIA

Dedico esta Agenda Bíblica a todos aquellos que realmente creen y confían en Dios y lo toman como principal prioridad en sus vidas cada día, poniendo en práctica lo que nos enseña en las Sagradas Escrituras.

Benjamín Franklin Arias, Ph.D.

PRESENTACION

Sabemos muy bien que cuando se inicia un año todos queremos organizar nuestras vidas y, para una buena organización, una AGENDA es de gran utilidad. Y la razón principal es que se nos pueden presentar muchas actividades cada día, cada semana y cada mes, y confiar solo en nuestra memoria no es recomendable porque podríamos olvidar algo importante al llevar una vida muy ocupada.

Con una agenda, la cual podemos ver en diferentes momentos, planificamos las actividades que llevaremos a cabo cada día, semana o mes y nos preparamos mejor de antemano. Por lo tanto, los espacios para cada día pueden aprovecharse para escribir, como en toda agenda, esas actividades frecuentes.

Además, siguiendo la GUIA DE LECTURAS DIARIAS que hemos organizado dividiéndola por libros y capítulos, podrás leer la BIBLIA COMPLETA en un año y, si deseas, puedes usar los espacios de cada día para tus pensamientos, reflexiones o meditaciones basadas en la lectura correspondiente.

En los espacios donde no hemos puesto la fecha, hemos agregado: NOTAS, para que sean usados para apuntes de interés. También para que escribas esas cosas por las que agradeces a Dios, y para que escribas esas cosas que deseas ver hechas realidad con la ayuda de Dios. Por eso están tituladas: GRACIAS A DIOS POR… Y LE PIDO A DIOS… Además, incluimos espacio suficiente para los contactos: NOMBRE, TELEFONO, E-MAIL.

En la actualidad existen muchos métodos de leer la Biblia en un año. En este que presentamos, se dedican siete meses a la lectura del Antiguo Testamento y cinco meses al Nuevo Testamento.

Esperamos que esta AGENDA BIBLICA CON UNA GUIA DE LECTURAS DIARIAS sea de mucha utilidad a todos aquellos que se inician o que han estado en el camino del crecimiento espiritual. Felicidades por organizar tu vida y te deseamos todo lo mejor: salud, amor, paz, prosperidad y…todo aquello que anhela tu corazón. Que Dios te bendiga ricamente.

Benjamín Franklin Arias, Ph.D.
Con una Licenciatura en Teología y una
Maestría y Doctorado en Educación Cristiana.

NOTA IMPORTANTE:

La GUIA DE LECTURAS DIARIAS esta indicada de la siguiente forma: El Libro y los Capítulos a leer cada día.

Por ejemplo:

GENESIS 1-4

Quiere decir:

"GENESIS DEL CAPITULO 1 AL CAPITULO 4"

GENESIS 5-8

"GENESIS DEL CAPITULO 5 AL CAPITULO 8"

Y así sucesivamente…

Que Dios te bendiga ricamente.

Benjamín Franklin Arias, Ph.D.

ENERO

1 DE ENERO	2 DE ENERO
GENESIS 1-4	GENESIS 5-8

3 DE ENERO	4 DE ENERO
GENESIS 9-12	GENESIS 13-16

Benjamín Franklin Arias, Ph.D.

5 DE ENERO	6 DE ENERO
GENESIS 17-20	**GENESIS 21-24**
-------------------------------------	-------------------------------------
-------------------------------------	-------------------------------------
-------------------------------------	-------------------------------------
-------------------------------------	-------------------------------------
-------------------------------------	-------------------------------------
-------------------------------------	-------------------------------------
-------------------------------------	-------------------------------------
-------------------------------------	-------------------------------------
-------------------------------------	-------------------------------------
-------------------------------------	-------------------------------------
-------------------------------------	-------------------------------------
-------------------------------------	-------------------------------------
-------------------------------------	-------------------------------------
-------------------------------------	-------------------------------------
-------------------------------------	-------------------------------------
-------------------------------------	-------------------------------------
-------------------------------------	-------------------------------------
-------------------------------------	-------------------------------------

7 DE ENERO	8 DE ENERO
GENESIS 25-28	**GENESIS 29-32**
-------------------------------------	-------------------------------------
-------------------------------------	-------------------------------------
-------------------------------------	-------------------------------------
-------------------------------------	-------------------------------------
-------------------------------------	-------------------------------------
-------------------------------------	-------------------------------------
-------------------------------------	-------------------------------------
-------------------------------------	-------------------------------------
-------------------------------------	-------------------------------------
-------------------------------------	-------------------------------------
-------------------------------------	-------------------------------------
-------------------------------------	-------------------------------------
-------------------------------------	-------------------------------------
-------------------------------------	-------------------------------------
-------------------------------------	-------------------------------------
-------------------------------------	-------------------------------------
-------------------------------------	-------------------------------------
-------------------------------------	-------------------------------------

9 DE ENERO	10 DE ENERO
GENESIS 33-36	**GENESIS 37-40**

11 DE ENERO	12 DE ENERO
GENESIS 41-45	**GENESIS 46-50**

Benjamín Franklin Arias, Ph.D.

13 DE ENERO	14 DE ENERO
EXODO 1-4	EXODO 5-8
--------------------------------------	--------------------------------------
--------------------------------------	--------------------------------------
--------------------------------------	--------------------------------------
--------------------------------------	--------------------------------------
--------------------------------------	--------------------------------------
--------------------------------------	--------------------------------------
--------------------------------------	--------------------------------------
--------------------------------------	--------------------------------------
--------------------------------------	--------------------------------------
--------------------------------------	--------------------------------------
--------------------------------------	--------------------------------------
--------------------------------------	--------------------------------------
--------------------------------------	--------------------------------------
--------------------------------------	--------------------------------------
--------------------------------------	--------------------------------------
--------------------------------------	--------------------------------------
--------------------------------------	--------------------------------------
--------------------------------------	--------------------------------------

15 DE ENERO	16 DE ENERO
EXODO 9-12	EXODO 13-16
--------------------------------------	--------------------------------------
--------------------------------------	--------------------------------------
--------------------------------------	--------------------------------------
--------------------------------------	--------------------------------------
--------------------------------------	--------------------------------------
--------------------------------------	--------------------------------------
--------------------------------------	--------------------------------------
--------------------------------------	--------------------------------------
--------------------------------------	--------------------------------------
--------------------------------------	--------------------------------------
--------------------------------------	--------------------------------------
--------------------------------------	--------------------------------------
--------------------------------------	--------------------------------------
--------------------------------------	--------------------------------------
--------------------------------------	--------------------------------------
--------------------------------------	--------------------------------------
--------------------------------------	--------------------------------------

17 DE ENERO	18 DE ENERO
EXODO 17-20	EXODO 21-24

19 DE ENERO	20 DE ENERO
EXODO 25-28	EXODO 29-32

Benjamín Franklin Arias, Ph.D.

21 DE ENERO	22 DE ENERO
EXODO 33-36	EXODO 37-40
-------------------------------------	-------------------------------------
-------------------------------------	-------------------------------------
-------------------------------------	-------------------------------------
-------------------------------------	-------------------------------------
-------------------------------------	-------------------------------------
-------------------------------------	-------------------------------------
-------------------------------------	-------------------------------------
-------------------------------------	-------------------------------------
-------------------------------------	-------------------------------------
-------------------------------------	-------------------------------------
-------------------------------------	-------------------------------------
-------------------------------------	-------------------------------------
-------------------------------------	-------------------------------------
-------------------------------------	-------------------------------------
-------------------------------------	-------------------------------------
-------------------------------------	-------------------------------------
23 DE ENERO	24 DE ENERO
LEVITICO 1-4	LEVITICO 5-8
-------------------------------------	-------------------------------------
-------------------------------------	-------------------------------------
-------------------------------------	-------------------------------------
-------------------------------------	-------------------------------------
-------------------------------------	-------------------------------------
-------------------------------------	-------------------------------------
-------------------------------------	-------------------------------------
-------------------------------------	-------------------------------------
-------------------------------------	-------------------------------------
-------------------------------------	-------------------------------------
-------------------------------------	-------------------------------------
-------------------------------------	-------------------------------------
-------------------------------------	-------------------------------------
-------------------------------------	-------------------------------------
-------------------------------------	-------------------------------------

25 DE ENERO	26 DE ENERO
LEVITICO 9-12	LEVITICO 13-16

27 DE ENERO	28 DE ENERO
LEVITICO 17-20	LEVITICO 21-24

Benjamín Franklin Arias, Ph.D.

ENERO

29 DE ENERO	30 DE ENERO
LEVITICO 25-27	NUMEROS 1-4

31 DE ENERO	
NUMEROS 5-8	NOTAS

FEBRERO

1 DE FEBRERO	2 DE FEBRERO
NUMEROS 9-12	NUMEROS 13-16

3 DE FEBRERO	4 DE FEBRERO
NUMEROS 17-20	NUMEROS 21-24

Benjamín Franklin Arias, Ph.D.

5 DE FEBRERO	6 DE FEBRERO
NUMEROS 25-28	NUMEROS 29-32
--	--
--	--
--	--
--	--
--	--
--	--
--	--
--	--
--	--
--	--
--	--
--	--
--	--
--	--
--	--
--	--
--	--

7 DE FEBRERO	8 DE FEBRERO
NUMEROS 33-36	DEUTERONONIO 1-4
--	--
--	--
--	--
--	--
--	--
--	--
--	--
--	--
--	--
--	--
--	--
--	--
--	--
--	--
--	--
--	--

9 DE FEBRERO	10 DE FEBRERO
DEUTERONOMIO 5-8	**DEUTERONOMIO 9-12**

11 DE FEBRERO	12 DE FEBRERO
DEUTERONOMIO 13-16	**DEUTERONOMIO 17-20**

Benjamín Franklin Arias, Ph.D.

FEBRERO

13 DE FEBRERO	14 DE FEBRERO
DEUTERONOMIO 21-24	DEUTERONOMIO 25-28
--	--
--	--
--	--
--	--
--	--
--	--
--	--
--	--
--	--
--	--
--	--
--	--
--	--
--	--
--	--
--	--
--	--
--	--
15 DE FEBRERO	**16 DE FEBRERO**
DEUTERONOMIO 29-31	DEUTERONOMIO 32-34
--	--
--	--
--	--
--	--
--	--
--	--
--	--
--	--
--	--
--	--
--	--
--	--
--	--
--	--
--	--
--	--
--	--

17 DE FEBRERO	18 DE FEBRERO
JOSUE 1-4	JOSUE 5-8

19 DE FEBRERO	20 DE FEBRERO
JOSUE 9-12	JOSUE 13-16

Benjamín Franklin Arias, Ph.D.

21 DE FEBRERO	22 DE FEBRERO
JOSUE 17-20	JOSUE 21-24

23 DE FEBRERO	24 DE FEBRERO
JUECES 1-4	JUECES 5-8

25 DE FEBRERO	26 DE FEBRERO
JUECES 9-12	JUECES 13-16

27 DE FEBRERO	28 DE FEBRERO
JUECES 17-21	RUT 1-4

Benjamín Franklin Arias, Ph.D.

29 DE FEBRERO	
1 SAMUEL 1-4	NOTAS
---	---
---	---
---	---
---	---
---	---
---	---
---	---
---	---
---	---
---	---
---	---
---	---
---	---
---	---
---	---
---	---
GRACIAS A DIOS POR:	LE PIDO A DIOS:
---	---
---	---
---	---
---	---
---	---
---	---
---	---
---	---
---	---
---	---
---	---
---	---
---	---
---	---
---	---

MARZO

1 DE MARZO	2 DE MARZO
1 SAMUEL 5-8	1 SAMUEL 9-12

3 DE MARZO	4 DE MARZO
1 SAMUEL 13-16	1 SAMUEL 17-20

Benjamín Franklin Arias, Ph.D.

5 DE MARZO	6 DE MARZO
1 SAMUEL 21-24	1 SAMUEL 25-28

7 DE MARZO	8 DE MARZO
1 SAMUEL 29-31	2 SAMUEL 1-4

9 DE MARZO	10 DE MARZO
2 SAMUEL 5-8	2 SAMUEL 9-12

11 DE MARZO	12 DE MARZO
2 SAMUEL 13-16	2 SAMUEL 17-20

Benjamín Franklin Arias, Ph.D.

MARZO

13 DE MARZO	14 DE MARZO
2 SAMUEL 21-24	1 REYES 1-4

15 DE MARZO	16 DE MARZO
1 REYES 5-8	1 REYES 9-12

17 DE MARZO	18 DE MARZO
1 REYES 13-16	1 REYES 17-19

19 DE MARZO	20 DE MARZO
1 REYES 20-22	2 REYES 1-4

Benjamín Franklin Arias, Ph.D.

MARZO

21 DE MARZO	22 DE MARZO
2 REYES 5-8	2 REYES 9-12
--------------------------------	--------------------------------
--------------------------------	--------------------------------
--------------------------------	--------------------------------
--------------------------------	--------------------------------
--------------------------------	--------------------------------
--------------------------------	--------------------------------
--------------------------------	--------------------------------
--------------------------------	--------------------------------
--------------------------------	--------------------------------
--------------------------------	--------------------------------
--------------------------------	--------------------------------
--------------------------------	--------------------------------
--------------------------------	--------------------------------
--------------------------------	--------------------------------
--------------------------------	--------------------------------
--------------------------------	--------------------------------

23 DE MARZO	24 DE MARZO
2 REYES 13-16	2 REYES 17-20
--------------------------------	--------------------------------
--------------------------------	--------------------------------
--------------------------------	--------------------------------
--------------------------------	--------------------------------
--------------------------------	--------------------------------
--------------------------------	--------------------------------
--------------------------------	--------------------------------
--------------------------------	--------------------------------
--------------------------------	--------------------------------
--------------------------------	--------------------------------
--------------------------------	--------------------------------
--------------------------------	--------------------------------
--------------------------------	--------------------------------
--------------------------------	--------------------------------
--------------------------------	--------------------------------
--------------------------------	--------------------------------

25 DE MARZO	26 DE MARZO
2 REYES 21-25	1 CRONICAS 1-4

27 DE MARZO	28 DE MARZO
1 CRONICAS 5-8	1 CRONICAS 9-12

Benjamín Franklin Arias, Ph.D.

29 DE MARZO	30 DE MARZO
1 CRONICAS 13-16	1 CRONICAS 17-20
---	---
---	---
---	---
---	---
---	---
---	---
---	---
---	---
---	---
---	---
---	---
---	---
---	---
---	---
---	---
---	---

31 DE MARZO	
1 CRONICAS 21-24	NOTAS
---	---
---	---
---	---
---	---
---	---
---	---
---	---
---	---
---	---
---	---
---	---
---	---
---	---
---	---
---	---
---	---

ABRIL

1 DE ABRIL	2 DE ABRIL
1 CRONICAS 25-29	2 CRONICAS 1-4

3 DE ABRIL	4 DE ABRIL
2 CRONICAS 5-8	2 CRONICAS 9-12

5 DE ABRIL	6 DE ABRIL
2 CRONICAS 13-16	2 CRONICAS 17-20

7 DE ABRIL	8 DE ABRIL
2 CRONICAS 21-24	2 CRONICAS 25-28

9 DE ABRIL	10 DE ABRIL
2 CRONICAS 29-32	2 CRONICAS 33-36

11 DE ABRIL	12 DE ABRIL
ESDRAS 1-5	ESDRAS 6-10

Benjamín Franklin Arias, Ph.D.

13 DE ABRIL	14 DE ABRIL
NEHEMIAS 1-4	NEHEMIAS 5-8

15 DE ABRIL	16 DE ABRIL
NEHEMIAS 9-13	ESTER 1-5

17 DE ABRIL	18 DE ABRIL
ESTER 6-10	JOB 1-4
--	--
--	--
--	--
--	--
--	--
--	--
--	--
--	--
--	--
--	--
--	--
--	--
--	--
--	--
--	--
--	--
--	--
--	--
--	--

19 DE ABRIL	20 DE ABRIL
JOB 5-8	JOB 9-12
--	--
--	--
--	--
--	--
--	--
--	--
--	--
--	--
--	--
--	--
--	--
--	--
--	--
--	--
--	--
--	--
--	--
--	--

Benjamín Franklin Arias, Ph.D.

21 DE ABRIL	22 DE ABRIL
JOB 13-16	JOB 17-20

23 DE ABRIL	24 DE ABRIL
JOB 21-24	JOB 25-28

25 DE ABRIL	26 DE ABRIL
JOB 29-32	JOB 33-37

27 DE ABRIL	28 DE ABRIL
JOB 38-42	SALMOS 1-5

Benjamín Franklin Arias, Ph.D.

29 DE ABRIL	30 DE ABRIL
SALMOS 6-10	SALMOS 11-15

GRACIAS A DIOS POR:	LE PIDO A DIOS:

MAYO

1 DE MAYO	2 DE MAYO
SALMOS 16-20	**SALMOS 21-25**
-------------------------------------	-------------------------------------
-------------------------------------	-------------------------------------
-------------------------------------	-------------------------------------
-------------------------------------	-------------------------------------
-------------------------------------	-------------------------------------
-------------------------------------	-------------------------------------
-------------------------------------	-------------------------------------
-------------------------------------	-------------------------------------
-------------------------------------	-------------------------------------
-------------------------------------	-------------------------------------
-------------------------------------	-------------------------------------
-------------------------------------	-------------------------------------
-------------------------------------	-------------------------------------
-------------------------------------	-------------------------------------
-------------------------------------	-------------------------------------
-------------------------------------	-------------------------------------
-------------------------------------	-------------------------------------
-------------------------------------	-------------------------------------

3 DE MAYO	4 DE MAYO
SALMOS 26-30	**SALMOS 31-35**
-------------------------------------	-------------------------------------
-------------------------------------	-------------------------------------
-------------------------------------	-------------------------------------
-------------------------------------	-------------------------------------
-------------------------------------	-------------------------------------
-------------------------------------	-------------------------------------
-------------------------------------	-------------------------------------
-------------------------------------	-------------------------------------
-------------------------------------	-------------------------------------
-------------------------------------	-------------------------------------
-------------------------------------	-------------------------------------
-------------------------------------	-------------------------------------
-------------------------------------	-------------------------------------
-------------------------------------	-------------------------------------
-------------------------------------	-------------------------------------
-------------------------------------	-------------------------------------
-------------------------------------	-------------------------------------
-------------------------------------	-------------------------------------

Benjamín Franklin Arias, Ph.D.

5 DE MAYO	6 DE MAYO
SALMOS 36-40	SALMOS 41-45

7 DE MAYO	8 DE MAYO
SALMOS 46-50	SALMOS 51-55

9 DE MAYO	10 DE MAYO
SALMOS 56-60	SALMOS 61-65

11 DE MAYO	12 DE MAYO
SALMOS 66-70	SALMOS 71-75

Benjamín Franklin Arias, Ph.D.

13 DE MAYO	14 DE MAYO
SALMOS 76-80	**SALMOS 81-85**
--	--
--	--
--	--
--	--
--	--
--	--
--	--
--	--
--	--
--	--
--	--
--	--
--	--
--	--
--	--
--	--
--	--
--	--

15 DE MAYO	16 DE MAYO
SALMOS 86-90	**SALMOS 91-95**
--	--
--	--
--	--
--	--
--	--
--	--
--	--
--	--
--	--
--	--
--	--
--	--
--	--
--	--
--	--
--	--
--	--
--	--

17 DE MAYO	18 DE MAYO
SALMOS 96-100	SALMOS 101-105

19 DE MAYO	20 DE MAYO
SALMOS 106-110	SALMOS 111-115

Benjamín Franklin Arias, Ph.D.

MAYO

21 DE MAYO	22 DE MAYO
SALMOS 116-120	SALMOS 121-125

23 DE MAYO	24 DE MAYO
SALMOS 126-130	SALMOS 131-135

25 DE MAYO	26 DE MAYO
SALMOS 136-140	SALMOS 141-145

27 DE MAYO	28 DE MAYO
SALMOS 146-150	PROVERBIOS 1-5

Benjamín Franklin Arias, Ph.D.

29 DE MAYO	30 DE MAYO
PROVERBIO 6-10	**PROVERBIOS 11-15**

31 DE MAYO	
PROVERBIOS 16-20	**NOTAS**

JUNIO

1 DE JUNIO	2 DE JUNIO
PROVERBIOS 21-25	**PROVERBIOS 26-31**

3 DE JUNIO	4 DE JUNIO
ECLESIASTES 1-6	**ECLESIASTES 7-12**

Benjamín Franklin Arias, Ph.D.

5 DE JUNIO	6 DE JUNIO
CANTARES 1-4	CANTARES 5-8
--------------------------------	--------------------------------
--------------------------------	--------------------------------
--------------------------------	--------------------------------
--------------------------------	--------------------------------
--------------------------------	--------------------------------
--------------------------------	--------------------------------
--------------------------------	--------------------------------
--------------------------------	--------------------------------
--------------------------------	--------------------------------
--------------------------------	--------------------------------
--------------------------------	--------------------------------
--------------------------------	--------------------------------
--------------------------------	--------------------------------
--------------------------------	--------------------------------
--------------------------------	--------------------------------
--------------------------------	--------------------------------
--------------------------------	--------------------------------

7 DE JUNIO	8 DE JUNIO
ISAIAS 1-5	ISAIAS 6-10
--------------------------------	--------------------------------
--------------------------------	--------------------------------
--------------------------------	--------------------------------
--------------------------------	--------------------------------
--------------------------------	--------------------------------
--------------------------------	--------------------------------
--------------------------------	--------------------------------
--------------------------------	--------------------------------
--------------------------------	--------------------------------
--------------------------------	--------------------------------
--------------------------------	--------------------------------
--------------------------------	--------------------------------
--------------------------------	--------------------------------
--------------------------------	--------------------------------
--------------------------------	--------------------------------
--------------------------------	--------------------------------

9 DE JUNIO	10 DE JUNIO
ISAIAS 11-15	ISAIAS 16-20

11 DE JUNIO	12 DE JUNIO
ISAIAS 21-25	ISAIAS 26-30

Benjamín Franklin Arias, Ph.D.

13 DE JUNIO	14 DE JUNIO
ISAIAS 31-35	ISAIAS 36-40
--	--
--	--
--	--
--	--
--	--
--	--
--	--
--	--
--	--
--	--
--	--
--	--
--	--
--	--
--	--
--	--
--	--
--	--

15 DE JUNIO	16 DE JUNIO
ISAIAS 41-45	ISAIAS 46-50
--	--
--	--
--	--
--	--
--	--
--	--
--	--
--	--
--	--
--	--
--	--
--	--
--	--
--	--
--	--
--	--
--	--
--	--

17 DE JUNIO	18 DE JUNIO
ISAIAS 51-55	ISAIAS 56-60

19 DE JUNIO	20 DE JUNIO
ISAIAS 60-66	JEREMIAS 1-5

Benjamín Franklin Arias, Ph.D.

21 DE JUNIO	22 DE JUNIO
JEREMIAS 6-10	JEREMIAS 11-15

23 DE JUNIO	24 DE JUNIO
JEREMIAS 16-20	JEREMIAS 21-25

25 DE JUNIO	26 DE JUNIO
JEREMIAS 26-30	**JEREMIAS 31-35**

27 DE JUNIO	28 DE JUNIO
JEREMIAS 36-40	**JEREMIAS 41-44**

Benjamín Franklin Arias, Ph.D.

29 DE JUNIO	30 DE JUNIO
JEREMIAS 45-48	JEREMIAS 49-52
------------------------------------	------------------------------------
------------------------------------	------------------------------------
------------------------------------	------------------------------------
------------------------------------	------------------------------------
------------------------------------	------------------------------------
------------------------------------	------------------------------------
------------------------------------	------------------------------------
------------------------------------	------------------------------------
------------------------------------	------------------------------------
------------------------------------	------------------------------------
------------------------------------	------------------------------------
------------------------------------	------------------------------------
------------------------------------	------------------------------------
------------------------------------	------------------------------------
------------------------------------	------------------------------------
------------------------------------	------------------------------------
------------------------------------	------------------------------------

GRACIAS A DIOS POR:	LE PIDO A DIOS:
------------------------------------	------------------------------------
------------------------------------	------------------------------------
------------------------------------	------------------------------------
------------------------------------	------------------------------------
------------------------------------	------------------------------------
------------------------------------	------------------------------------
------------------------------------	------------------------------------
------------------------------------	------------------------------------
------------------------------------	------------------------------------
------------------------------------	------------------------------------
------------------------------------	------------------------------------
------------------------------------	------------------------------------
------------------------------------	------------------------------------
------------------------------------	------------------------------------
------------------------------------	------------------------------------
------------------------------------	------------------------------------

JULIO

1 DE JULIO	2 DE JULIO
LAMENTACIONES 1-5	EZEQUIEL 1-5

3 DE JULIO	4 DE JULIO
EZEQUIEL 6-10	EZEQUIEL 11-15

JULIO

5 DE JULIO	6 DE JULIO
EZEQUIEL 16-20	EZEQUIEL 21-25

7 DE JULIO	8 DE JULIO
EZEQUIEL 26-30	EZEQUIEL 31-35

9 DE JULIO	10 DE JULIO
EZEQUIAL 36-40	EZEQUIEL 41-44
--------------------------------------	--------------------------------------
--------------------------------------	--------------------------------------
--------------------------------------	--------------------------------------
--------------------------------------	--------------------------------------
--------------------------------------	--------------------------------------
--------------------------------------	--------------------------------------
--------------------------------------	--------------------------------------
--------------------------------------	--------------------------------------
--------------------------------------	--------------------------------------
--------------------------------------	--------------------------------------
--------------------------------------	--------------------------------------
--------------------------------------	--------------------------------------
--------------------------------------	--------------------------------------
--------------------------------------	--------------------------------------
--------------------------------------	--------------------------------------
--------------------------------------	--------------------------------------
--------------------------------------	--------------------------------------
--------------------------------------	--------------------------------------

11 DE JULIO	12 DE JULIO
EZEQUIEL 45-48	DANIEL 1-6
--------------------------------------	--------------------------------------
--------------------------------------	--------------------------------------
--------------------------------------	--------------------------------------
--------------------------------------	--------------------------------------
--------------------------------------	--------------------------------------
--------------------------------------	--------------------------------------
--------------------------------------	--------------------------------------
--------------------------------------	--------------------------------------
--------------------------------------	--------------------------------------
--------------------------------------	--------------------------------------
--------------------------------------	--------------------------------------
--------------------------------------	--------------------------------------
--------------------------------------	--------------------------------------
--------------------------------------	--------------------------------------
--------------------------------------	--------------------------------------
--------------------------------------	--------------------------------------
--------------------------------------	--------------------------------------
--------------------------------------	--------------------------------------

Benjamín Franklin Arias, Ph.D.

13 DE JULIO	14 DE JULIO
DANIEL 7-12	OSEAS 1-5

15 DE JULIO	16 DE JULIO
OSEAS 6-10	OSEAS 11-14

17 DE JULIO	18 DE JULIO
JOEL 1-3	AMOS 1-5

19 DE JULIO	20 DE JULIO
AMOS 6-9	ABDIAS 1

67

Benjamín Franklin Arias, Ph.D.

JULIO

21 DE JULIO	22 DE JULIO
JONAS 1-4	MIQUEAS 1-4

23 DE JULIO	24 DE JULIO
MIQUEAS 5-7	NAHUM 1-3

25 DE JULIO	26 DE JULIO
HABACUC 1-3	SOFONIAS 1-3

27 DE JULIO	28 DE JULIO
HAGEO 1-2	ZACARIAS 1-5

Benjamín Franklin Arias, Ph.D.

29 DE JULIO	30 DE JULIO
ZACARIAS 6-10	ZACARIAS 11-14

31 DE JULIO	
MALAQUIAS 1-4	NOTAS

AGOSTO

1 DE AGOSTO	2 DE AGOSTO
MATEO 1-2	MATEO 3-4

3 DE AGOSTO	4 DE AGOSTO
MATEO 5-6	MATEO 7-8

Benjamín Franklin Arias, Ph.D.

AGOSTO

5 DE AGOSTO	6 DE AGOSTO
MATEO 9-10	MATEO 11-12

7 DE AGOSTO	8 DE AGOSTO
MATEO 13-14	MATEO 15-16

9 DE AGOSTO	10 DE AGOSTO
MATEO 17-18	MATEO 19-20

11 DE AGOSTO	12 DE AGOSTO
MATEO 21-22	MATEO 23-24

Benjamín Franklin Arias, Ph.D.

13 DE AGOSTO	14 DE AGOSTO
MATEO 25-26	MATEO 27-28
---	---
---	---
---	---
---	---
---	---
---	---
---	---
---	---
---	---
---	---
---	---
---	---
---	---
---	---
---	---
---	---
---	---
---	---

15 DE AGOSTO	16 DE AGOSTO
MARCOS 1-2	MARCOS 3-4
---	---
---	---
---	---
---	---
---	---
---	---
---	---
---	---
---	---
---	---
---	---
---	---
---	---
---	---
---	---
---	---
---	---

17 DE AGOSTO	18 DE AGOSTO
MARCOS 5-6	MARCOS 7-8

19 DE AGOSTO	20 DE AGOSTO
MARCOS 9-10	MARCOS 11-12

Benjamín Franklin Arias, Ph.D.

21 DE AGOSTO	22 DE AGOSTO
MARCOS 13-14	MARCOS 15-16

23 DE AGOSTO	24 DE AGOSTO
LUCAS 1-2	LUCAS 3-4

25 DE AGOSTO	26 DE AGOSTO
LUCAS 5-6	LUCAS 7-8

27 DE AGOSTO	28 DE AGOSTO
LUCAS 9-10	LUCAS 11-12

Benjamín Franklin Arias, Ph.D.

29 DE AGOSTO	30 DE AGOSTO
LUCAS 13-14	LUCAS 15-16

31 DE AGOSTO	
LUCAS 17-18	NOTAS

SEPTIEMBRE

1 DE SEPTIEMBRE	2 DE SEPTIEMBRE
LUCAS 19-20	LUCAS 21-22

3 DE SEPTIEMBRE	4 DE SEPTIEMBRE
LUCAS 23-24	JUAN 1-2

Benjamín Franklin Arias, Ph.D.

5 DE SEPTIEMBRE	6 DE SEPTIEMBRE
JUAN 3-4	JUAN 5-6

7 DE SEPTIEMBRE	8 DE SEPTIEMBRE
JUAN 7-8	JUAN 9-10

9 DE SEPTIEMBRE	10 DE SEPTIEMBRE
JUAN 11-12	JUAN 13-14

11 DE SEPTIEMBRE	12 DE SEPTIEMBRE
JUAN 15-16	JUAN 17-18

Benjamín Franklin Arias, Ph.D.

13 DE SEPTIEMBRE	14 DE SEPTIEMBRE
JUAN 19-21	HECHOS 1-2

15 DE SEPTIEMBRE	16 DE SEPTIEMBRE
HECHOS 3-4	HECHOS 5-6

17 DE SEPTIEMBRE	18 DE SEPTIEMBRE
HECHOS 7-8	HECHOS 9-10

19 DE SEPTIEMBRE	20 DE SEPTIEMBRE
HECHOS 11-12	HECHOS 13-14

Benjamín Franklin Arias, Ph.D.

21 DE SEPTIEMBRE	22 DE SEPTIEMBRE
HECHOS 15-16	HECHOS 17-18

23 DE SEPTIEMBRE	24 DE SEPTIEMBRE
HECHOS 19-20	HECHOS 21-22

25 DE SEPTIEMBRE	26 DE SEPTIEMBRE
HECHOS 23-24	HECHOS 25-26

27 DE SEPTIEMBRE	28 DE SEPTIEMBRE
HECHOS 27-28	ROMANOS 1-2

Benjamín Franklin Arias, Ph.D.

29 DE SEPTIEMBRE	30 DE SEPTIEMBRE
ROMANOS 3-4	ROMANOS 5-6

GRACIAS A DIOS POR:	LE PIDO A DIOS:

OCTUBRE

1 DE OCTUBRE	2 DE OCTUBRE
ROMANOS 7-8	**ROMANOS 9-10**

3 DE OCTUBRE	4 DE OCTUBRE
ROMANOS 11-12	**ROMANOS 13-14**

Benjamín Franklin Arias, Ph.D.

OCTUBRE

5 DE OCTUBRE	6 DE OCTUBRE
ROMANOS 15-16	1 CORINTIOS 1-2

7 DE OCTUBRE	8 DE OCTUBRE
1 CORINTIOS 3-4	1 CORINTIOS 5-6

9 DE OCTUBRE	10 DE OCTUBRE
1 CORINTIOS 7-8	1 CORINTIOS 9-10

11 DE OCTUBRE	12 DE OCTUBRE
1 CORINTIOS 11-12	1 CORINTIOS 13-14

Benjamín Franklin Arias, Ph.D.

13 DE OCTUBRE	14 DE OCTUBRE
1 CORINTIOS 15-16	2 CORINTIOS 1-2

15 DE OCTUBRE	16 DE OCTUBRE
2 CORINTIOS 3-4	2 CORINTIOS 5-6

17 DE OCTUBRE	18 DE OCTUBRE
2 CORINTIOS 7-8	2 CORINTIOS 9-10

19 DE OCTUBRE	20 DE OCTUBRE
2 CORINTIOS 11-12	2 CORINTIOS 13

Benjamín Franklin Arias, Ph.D.

21 DE OCTUBRE	22 DE OCTUBRE
GALATAS 1-2	GALATAS 3-4

23 DE OCTUBRE	24 DE OCTUBRE
GALATAS 5-6	EFESIOS 1-2

25 DE OCTUBRE	26 DE OCTUBRE
EFESIOS 3-4	EFESIOS 5-6

27 DE OCTUBRE	28 DE OCTUBRE
FILIPENSES 1-2	FILIPENSES 3-4

Benjamín Franklin Arias, Ph.D.

29 DE OCTUBRE	30 DE OCTUBRE
COLOSENSES 1-2	COLOSENSES 3-4

31 DE OCTUBRE	
1 TESALONICENSES 1-2	NOTAS

NOVIEMBRE

1 DE NOVIEMBRE	2 DE NOVIEMBRE
1 TESALONICENSES 3-4	1 TESALONICENSES 5

3 DE NOVIEMBRE	4 DE NOVIEMBRE
2 TESALONICENSES 1-2	2 TESALONICENSES 3

Benjamín Franklin Arias, Ph.D.

5 DE NOVIEMBRE	6 DE NOVIEMBRE
1 TIMOTEO 1-2	1 TIMOTEO 3-4

7 DE NOVIEMBRE	8 DE NOVIEMBRE
1 TIMOTEO 5-6	2 TIMOTEO 1-2

9 DE NOVIEMBRE	10 DE NOVIEMBRE
2 TIMOTEO 3-4	TITO 1-3

11 DE NOVIEMBRE	12 DE NOVIEMBRE
FILEMON 1	HEBREOS 1-2

Benjamín Franklin Arias, Ph.D.

NOVIEMBRE

13 DE NOVIEMBRE	14 DE NOVIEMBRE
HEBREOS 3-4	HEBREOS 5-6

15 DE NOVIEMBRE	16 DE NOVIEMBRE
HEBREOS 7-8	HEBREOS 9-10

17 DE NOVIEMBRE	18 DE NOVIEMBRE
HEBREOS 11-12	HEBREOS 13

19 DE NOVIEMBRE	20 DE NOVIEMBRE
SANTIAGO 1	SANTIAGO 2

Benjamín Franklin Arias, Ph.D.

21 DE NOVIEMBRE	22 DE NOVIEMBRE
SANTIAGO 3	SANTIAGO 4

23 DE NOVIEMBRE	24 DE NOVIEMBRE
SANTIAGO 5	1 PEDRO 1

25 DE NOVIEMBRE	26 DE NOVIEMBRE
1 PEDRO 2	1 PEDRO 3

27 DE NOVIEMBRE	28 DE NOVIEMBRE
1 PEDRO 4	1 PEDRO 5

Benjamín Franklin Arias, Ph.D.

29 DE NOVIEMBRE	30 DE NOVIEMBRE
2 PEDRO 1	2 PEDRO 2
-------------------------------------	-------------------------------------
-------------------------------------	-------------------------------------
-------------------------------------	-------------------------------------
-------------------------------------	-------------------------------------
-------------------------------------	-------------------------------------
-------------------------------------	-------------------------------------
-------------------------------------	-------------------------------------
-------------------------------------	-------------------------------------
-------------------------------------	-------------------------------------
-------------------------------------	-------------------------------------
-------------------------------------	-------------------------------------
-------------------------------------	-------------------------------------
-------------------------------------	-------------------------------------
-------------------------------------	-------------------------------------
-------------------------------------	-------------------------------------
-------------------------------------	-------------------------------------
GRACIAS A DIOS POR:	LE PIDO A DIOS:
-------------------------------------	-------------------------------------
-------------------------------------	-------------------------------------
-------------------------------------	-------------------------------------
-------------------------------------	-------------------------------------
-------------------------------------	-------------------------------------
-------------------------------------	-------------------------------------
-------------------------------------	-------------------------------------
-------------------------------------	-------------------------------------
-------------------------------------	-------------------------------------
-------------------------------------	-------------------------------------
-------------------------------------	-------------------------------------
-------------------------------------	-------------------------------------
-------------------------------------	-------------------------------------
-------------------------------------	-------------------------------------
-------------------------------------	-------------------------------------

DICIEMBRE

1 DE DICIEMBRE	2 DE DICIEMBRE
2 PEDRO 3	1 JUAN 1

3 DE DICIEMBRE	4 DE DICIEMBRE
1 JUAN 2	1 JUAN 3

Benjamín Franklin Arias, Ph.D.

DICIEMBRE

5 DE DICIEMBRE	6 DE DICIEMBRE
1 JUAN 4	1 JUAN 5

7 DE DICIEMBRE	8 DE DICIEMBRE
2 JUAN 1	3 JUAN 1

9 DE DICIEMBRE	10 DE DICIEMBRE
JUDAS 1	APOCALIPSIS 1

11 DE DICIEMBRE	12 DE DICIEMBRE
APOCALIPSIS 2	APOCALIPSIS 3

Benjamín Franklin Arias, Ph.D.

13 DE DICIEMBRE	14 DE DICIEMBRE
APOCALIPSIS 4	APOCALIPSIS 5
------------------------------------	------------------------------------
------------------------------------	------------------------------------
------------------------------------	------------------------------------
------------------------------------	------------------------------------
------------------------------------	------------------------------------
------------------------------------	------------------------------------
------------------------------------	------------------------------------
------------------------------------	------------------------------------
------------------------------------	------------------------------------
------------------------------------	------------------------------------
------------------------------------	------------------------------------
------------------------------------	------------------------------------
------------------------------------	------------------------------------
------------------------------------	------------------------------------
------------------------------------	------------------------------------
------------------------------------	------------------------------------
------------------------------------	------------------------------------
15 DE DICIEMBRE	16 DE DICIEMBRE
APOCALIPSIS 6	APOCALIPSIS 7
------------------------------------	------------------------------------
------------------------------------	------------------------------------
------------------------------------	------------------------------------
------------------------------------	------------------------------------
------------------------------------	------------------------------------
------------------------------------	------------------------------------
------------------------------------	------------------------------------
------------------------------------	------------------------------------
------------------------------------	------------------------------------
------------------------------------	------------------------------------
------------------------------------	------------------------------------
------------------------------------	------------------------------------
------------------------------------	------------------------------------
------------------------------------	------------------------------------
------------------------------------	------------------------------------
------------------------------------	------------------------------------

17 DE DICIEMBRE	18 DE DICIEMBRE
APOCALIPSIS 8	APOCALIPSIS 9

19 DE DICIEMBRE	20 DE DICIEMBRE
APOCALIPSIS 10	APOCALIPSIS 11

Benjamín Franklin Arias, Ph.D.

21 DE DICIEMBRE	22 DE DICIEMBRE
APOCALIPSIS 12	APOCALIPSIS 13

23 DE DICIEMBRE	24 DE DICIEMBRE
APOCALIPSIS 14	APOCALIPSIS 15

25 DE DICIEMBRE	26 DE DICIEMBRE
APOCALIPSIS 16	APOCALIPSIS 17

27 DE DICIEMBRE	28 DE DICIEMBRE
APOCALIPSIS 18	APOCALIPSIS 19

Benjamín Franklin Arias, Ph.D.

29 DE DICIEMBRE	30 DE DICIEMBRE
APOCALIPSIS 20	APOCALIPSIS 21
-------------------------------------	-------------------------------------
-------------------------------------	-------------------------------------
-------------------------------------	-------------------------------------
-------------------------------------	-------------------------------------
-------------------------------------	-------------------------------------
-------------------------------------	-------------------------------------
-------------------------------------	-------------------------------------
-------------------------------------	-------------------------------------
-------------------------------------	-------------------------------------
-------------------------------------	-------------------------------------
-------------------------------------	-------------------------------------
-------------------------------------	-------------------------------------
-------------------------------------	-------------------------------------
-------------------------------------	-------------------------------------
-------------------------------------	-------------------------------------
-------------------------------------	-------------------------------------
-------------------------------------	-------------------------------------
-------------------------------------	-------------------------------------

31 DE DICIEMBRE	METAS
APOCALIPSIS 22	PARA EL PROXIMO AÑO
-------------------------------------	-------------------------------------
-------------------------------------	-------------------------------------
-------------------------------------	-------------------------------------
-------------------------------------	-------------------------------------
-------------------------------------	-------------------------------------
-------------------------------------	-------------------------------------
-------------------------------------	-------------------------------------
-------------------------------------	-------------------------------------
-------------------------------------	-------------------------------------
-------------------------------------	-------------------------------------
-------------------------------------	-------------------------------------
-------------------------------------	-------------------------------------
-------------------------------------	-------------------------------------
-------------------------------------	-------------------------------------
-------------------------------------	-------------------------------------
-------------------------------------	-------------------------------------
-------------------------------------	-------------------------------------
-------------------------------------	-------------------------------------

CONTACTOS

NOMBRE	TELEFONO	E-MAIL
BENJAMIN FRANKLIN ARIAS	718-708-3299	benfrank1305@gmail.com

Benjamín Franklin Arias, Ph.D.

DEF

NOMBRE	TELEFONO	E-MAIL

NOMBRE	TELEFONO	E-MAIL

Benjamín Franklin Arias, Ph.D.

NOMBRE	TELEFONO	E-MAIL

NOMBRE	TELEFONO	E-MAIL

Benjamín Franklin Arias, Ph.D.

OPQ

NOMBRE	TELEFONO	E-MAIL

NOMBRE	TELEFONO	E-MAIL

Benjamín Franklin Arias, Ph.D.

UVW

NOMBRE	TELEFONO	E-MAIL

NOMBRE	TELEFONO	E-MAIL

Benjamín Franklin Arias, Ph.D.

OTROS LIBROS DEL AUTOR

ENGLISH GRAMMAR
FOR INTERNATIONAL COMMUNICATION
Por Prof. Benjamín Franklin Arias, Ph.D.

Un libro de 30 Lecciones de Inglés Como Segundo Idioma,
con Ejemplos Traducidos al Español,
Ejercicios y Vocabulario Completo.

Format: Perfect Bound Softcover (B/W)
Pages: 326
Size: 6x9
ISBN: 9781490789903

Format: E-Book
Pages: 326
ISBN: 9781490789927

GRANDES ENSEÑANZAS
En Mensajes Pequeños
Por Benjamín Franklin Arias, Ph.D.

Un libro con Artículos Educativos Para Cada Mes
y Frases Célebres Para Cada Día del Año.

Format: Perfect Bound Softcover (B/W)
Pages: 316
Size: 6x9
ISBN: 9781490788616

Format: E-Book
Pages: 316
ISBN: 9781490788654